LECTURES CLE EN FRANÇAIS FACILE

EN FAMILLE

HECTOR MALOT

Adapté en français facile
par Brigitte Faucard-Martinez

HECTOR MALOT naît le 20 mai 1830 à La Bouille, en Normandie. Il poursuit des études de droit à Paris puis travaille chez un notaire. Mais il abandonne bientôt cette activité pour se consacrer uniquement à la littérature.

En 1859, il publie son premier roman, *Les Amants*, qui obtient un grand succès.

En tout, il écrit environ soixante-dix ouvrages dont les plus connus sont : *Les Aventures de Romain Kalbris* (1869), *Sans famille* (1878), *La Petite Sœur* (1882), *La Mère* (1890), *En famille* (1893), etc.

Il meurt le 17 juillet 1907 à Fontenay-sous-Bois, près de Paris.

* * *

En famille raconte l'histoire d'une jeune enfant, Perrine, qui après bien des aventures retrouve sa famille qu'elle ne connaissait pas. Ce thème, qu'on rencontre également dans d'autres romans d'Hector Malot, est le point fort de cet ouvrage.

Mais *En famille* nous permet aussi de découvrir quelques aspects de la France du XIXe siècle. Ce roman nous montre en effet une campagne qui n'est plus uniquement tournée vers l'agriculture ; en approchant des villages, on aperçoit maintenant de grandes cheminées, celles des usines. La France se trouve en pleine transformation économique.

En famille n'est donc pas seulement un roman tendre et attachant sur la vie d'une petite fille courageuse, mais c'est aussi un morceau d'histoire sur le monde des usines après la révolution industrielle.

Les mots ou expressions suivis d'un astérisque* dans le texte sont expliqués dans le Vocabulaire, page 59.

Ce samedi-là, comme la plupart des samedis, il y a à la porte de Bercy beaucoup de voitures qui attendent pour entrer dans Paris.

Parmi elles, on en trouve une qui ressemble à une roulotte[1] et sur laquelle est écrit en grosses lettres le mot : PHOTOGRAPHIE.

Cette voiture est tirée par un âne. Près de lui, assise sur le trottoir, se tient une petite fille de douze ans.

Comme l'âne est placé derrière une voiture de foin[2] et qu'il en mange de temps en temps, la fillette le gronde[3] d'un ton doux :

– Palikare, ne fais pas ça !

Aussitôt, obéissant, l'animal baisse la tête.

À un moment, comme elle vient de le gronder pour la quatrième fois, une voix sort de la voiture appelant :

– Perrine!

Aussitôt, la petite se lève puis elle soulève un

1. Roulotte : voiture qui sert de maison et où vivent les gens qui voyagent (nomades, gitans...).
2. Foin : herbe des champs pour nourrir le bétail.
3. Gronder : disputer.

rideau et entre dans la voiture où une jeune femme est couchée sur un matelas.

– Tu as besoin de moi, maman ?

– Que fait donc Palikare ?

– Il mange le foin de la voiture qui est devant nous.

– Il faut l'en empêcher.

– Oui, maman, ne t'inquiète pas. Veux-tu que je t'achète quelque chose ?

– Non, gardons notre argent, nous en avons si peu. Retourne surveiller Palikare.

Perrine reprend sa place sur le bord du trottoir. Un gamin de douze ans s'approche alors d'elle.

– Voilà un bel âne ! Est-ce qu'il est de notre pays ?

– Il vient de Grèce, dit Perrine.

– C'est loin, la Grèce ?

– Oui.

– Alors, vous venez de la Grèce ?

– De plus loin encore.

– Où est-ce que vous allez ?

– À Paris.

– Où est-ce que vous laisserez votre voiture ?

– Je ne sais pas encore.

– Pourquoi vous n'allez pas chez Grain de Sel ?

– Je ne connais pas Grain de Sel.

– C'est le propriétaire du Champ Guillot. Son champ est fermé la nuit. Vous pouvez vous y installer tranquillement. On ne vous volera pas.

– C'est cher ?

– Quarante sous la semaine.

– C'est loin d'ici, le Champ Guillot ? demande Perrine.

Le jeune garçon lui explique comment y aller. Perrine va trouver sa mère et lui raconte ce qu'on lui a dit. La mère accepte d'aller s'installer dans le Champ Guillot.

Une fois la porte de Bercy passée, Perrine, suivant les indications du jeune garçon, conduit son âne sans problème jusqu'au champ de Grain de Sel. Là, laissant Palikare dans la rue, elle entre dans le champ. Aussitôt, des chiens se précipitent vers elle en aboyant.

– Qu'est-ce qu'il y a ? crie une voix. Ne faites pas attention aux chiens. Approchez.

Perrine se trouve bientôt face à un homme à la barbe fournie[1]. Elle lui demande si elles peuvent s'installer quelque temps dans le champ, elle et sa mère qui est malade, avant de continuer leur voyage vers Amiens.

– C'est possible, dit-il. Six sous par jour pour la voiture et trois sous pour l'âne.

– C'est bien cher.

– C'est mon prix. Et l'âne pourra manger toute l'herbe qu'il voudra.

Perrine cherche dans la poche de sa jupe et,

---

1. Fourni : épais.

un à un, elle en sort neuf sous :

– Voilà pour la première journée.

Elle retourne à la voiture et va l'installer à la place que Grain de Sel lui a indiquée.

– Enfin, pauvre maman, nous voilà arrivées. Nous allons d'abord manger. Est-ce que tu veux du riz ?

– J'ai si peu faim.

– Est-ce que tu préfères autre chose ? Je cours chercher ce que tu veux. Veux-tu ?...

– Non, ma fille, fais-moi du riz.

Perrine prépare le repas et le sert à sa mère.

– Tu as faim, toi ? demande la mère.

– Oui, depuis longtemps.

– Alors, mange bien, tu en as besoin.

La mère porte une fourchette de riz à sa bouche mais elle la tourne et retourne sans pouvoir l'avaler.

– Je n'ai pas très faim, dit-elle à sa fille qui ne cesse de la regarder.

– Il faut faire un effort, maman.

– J'ai mal au cœur, je ne peux pas manger.

– Oh ! maman !

– Ne t'inquiète pas, ma chérie, ce n'est rien. Ton riz est très bon. Mange-le. Tu dois être forte pour me soigner.

Perrine mange en silence, pendant que sa mère se repose. Au bout d'un moment, la mère dit :

– Perrine, nous devons vendre la voiture pour

pouvoir continuer notre voyage et il faut aussi vendre...

Il y a un silence.

– Palikare ? demande enfin Perrine.

– Oui, ma chérie. Je sais que tu l'aimes beaucoup et que tu vas avoir de la peine, mais nous devons arriver le plus vite possible à Maraucourt. Là, si nous sommes bien reçues, ce que j'espère, nos problèmes seront terminés. Demain, tu iras les vendre et tu iras demander l'heure des trains pour Picquigny. Maraucourt se trouve près de là.

– Bien, maman. Mais il est tard maintenant, dors un peu.

Elle embrasse sa mère et sort voir Palikare. Elle met sa tête contre celle de l'âne et elle laisse couler les larmes qui depuis un bon moment l'étouffent[1]. Ensuite, elle va se coucher.

Le lendemain, elle va trouver Grain de Sel pour lui demander où elle peut vendre son âne et la voiture. Après avoir bien réfléchi, Grain de Sel lui répond qu'il achète la voiture et qu'elle peut vendre l'âne au marché aux chevaux. Cette petite fille, seule avec sa mère malade, lui fait de la peine. Il ajoute qu'il va l'accompagner au marché.

Perrine va prévenir sa mère. Peu après, elle part avec Grain de Sel et Palikare. Elle est très triste à l'idée de quitter son ami. Ils marchent en

---

1. Étouffer : empêcher de bien respirer.

silence dans les rues jusqu'au marché.

Perrine veut faire entrer Palikare dans le marché. Mais l'animal, qui pressent[1] sans doute ce qui va lui arriver, refuse d'avancer. Perrine insiste, lui parle un peu durement. Rien à faire. Palikare refuse de faire un pas.

Quelques curieux s'amusent en voyant cette scène.

– Voilà un âne qui va faire rire l'imbécile qui va l'acheter, dit une voix.

Ce sont là des paroles qui peuvent être dangereuses pour la vente de l'âne ; Grain de Sel se met donc à protester :

– C'est qu'il est malin, dit-il. Il a deviné qu'on va le vendre et il fait tout ça pour ne pas quitter ses maîtres.

– Êtes-vous sûr de ça, Grain de Sel ? demande la même voix.

– Tiens, qui est-ce qui sait mon nom ici ?

– Vous ne me reconnaissez pas ? La Rouquerie !

– C'est ma foi vrai.

Ils se serrent la main.

– C'est à vous, l'âne ?

– Non, c'est à la petite. Il est fort, croyez-moi. Il est venu de Grèce sans s'arrêter...

– De Grèce !...

Perrine observe discrètement la personne qui

1. Pressentir : prévoir, deviner.

s'intéresse à son âne. C'est une femme habillée comme un homme et qui fume la pipe. Malgré son air dur, elle ne semble pas antipathique.

La Rouquerie.

La Rouquerie examine longuement Palikare, du bout du nez jusqu'aux sabots[1].

– Vingt francs, dit-elle, c'est tout ce qu'il vaut ; et encore...

– Pas question, dit Grain de Sel ! Viens, petite.

Ils essaient à nouveau d'entrer au marché. Mais cette fois l'âne se couche par terre.

– Palikare, je t'en prie, s'écrie Perrine.

Mais l'âne ne veut rien entendre ; il fait le mort.

Grain de Sel est en colère, Perrine désespérée.

– Vous voyez bien qu'il n'entrera pas, dit La Rouquerie. J'en donne trente francs parce que je vois qu'il est malin.

Grain de Sel dit à Perrine d'accepter. Puis, à l'oreille, il ajoute :

---

1. Sabot : enveloppe dure qui entoure le pied d'un cheval ou d'un âne et où on cloue un fer.

– Ne sois pas triste, ton âne ne sera pas malheureux avec elle, c'est une bonne femme.

Avant de quitter Palikare, Perrine, en larmes, lui embrasse la tête.

– Il sera bien traité, je te le promets, dit La Rouquerie.

– Nous nous aimons tant ! répond Perrine.

Au retour, Perrine s'arrête à la gare du Nord. Il y a un train pour Picquigny le lendemain à dix heures du matin.

Une fois au Champ Guillot, elle retrouve sa mère dont l'état a encore empiré[1].

– Nous partirons demain, dit la mère, et nous prendrons une voiture car je ne pourrai sûrement pas aller à pied jusqu'à la gare.

---

1. Empirer : être plus grave.

La mère de Perrine va très mal.

Le lendemain, la mère et la fille, enfin prêtes, commencent à avancer jusqu'à la rue. Mais, au bout de dix pas, la mère, qui est très faible, tombe et s'évanouit.

La Marquise, une vieille femme qui vit dans le Champ Guillot, et Grain de Sel la transportent dans la voiture.

– Ce n'est rien, dit la Marquise à Perrine. Ne t'inquiète pas.

Mais Perrine comprend que c'est grave. Elle a déjà perdu son père et elle sait ce que c'est que la mort...

La mère va très mal. Parfois, elle sort de sa torpeur[1] et parle un peu. Puis elle retombe dans son sommeil.

Au milieu de la nuit, elle appelle Perrine.

– Tu veux quelque chose ? demande vivement la fillette.

– Te parler, car c'est l'heure des dernières paroles.

– Oh ! maman...

– Ne me coupe pas la parole, ma fille chérie, ce que j'ai à te dire est très important. Quand je ne serai plus là, tu prendras dans ma poche un papier enveloppé dans de la soie et tu le donneras à ceux qui te le demanderont : c'est mon acte de mariage et on y trouve mon nom et celui de ton père. Ne le perds surtout pas. Quand tu seras seule, tu quitteras immédiatement Paris et tu partiras pour Maraucourt. Là, tu devras être patiente. Tout ce que tu obtiendras, tu l'auras par toi seule, en étant bonne, en te faisant aimer... mais tu te feras aimer... je le sais... il est impossible qu'on ne t'aime pas... Alors tes malheurs seront finis.

---

1. Torpeur : sommeil.

Elle se tait un moment puis elle reprend :

– Je te vois... oui, je te vois heureuse... Promets-moi que tu quitteras tout de suite Paris quand je ne serai plus là, et tout ira bien.

– Je te le promets, maman.

Cet effort a beaucoup fatigué la pauvre mère. Elle s'évanouit. Le lendemain, elle rend son dernier souffle[1].

Dans le cimetière[2], après l'enterrement, auquel assistent Grain de Sel et la Marquise, cette dernière prend Perrine par le bras et lui dit :

– Il faut venir.

– Oh ! madame....

– Allons, il faut sortir d'ici.

Et elle l'entraîne avec elle.

– Que vas-tu faire ? Une gentille fille comme toi ne peut pas rester seule à Paris.

– Je ne dois pas rester à Paris, répond Perrine. Je vais partir tout de suite pour Amiens, où j'ai de la famille que je dois retrouver.

– Et comment vas-tu aller à Amiens ? Tu as de l'argent ?

– Pas assez pour y aller par le train, car j'ai beaucoup dépensé pour l'enterrement de maman. J'irai à pied.

– Tu connais la route ?

---

1. Rendre son dernier souffle : mourir.
2. Cimetière : endroit où on enterre les morts.

– J'ai une carte dans ma poche.

– Pars retrouver les tiens[1], dit la Marquise. Et bonne chance !

Perrine lui serre la main et s'éloigne.

– Pauvre petite, murmure la Marquise.

1. Les tiens : ta famille.

PERRINE prend le train pour sortir de Paris. Pendant le trajet, elle regarde sa carte. De Paris à Amiens, la route est facile. En tout, elle doit parcourir environ cent cinquante kilomètres ; si elle fait trente kilomètres par jour, il lui faudra six jours pour son voyage.

Mais, est-ce qu'elle pourra faire ces trente kilomètres par jour et recommencer le lendemain ?

Elle est habituée à marcher et espère pouvoir le faire. Elle veut arriver à Maraucourt pour retrouver les siens.

Le train s'arrête. Elle descend et commence à marcher. Les maisons succèdent aux maisons, les usines* aux usines ; elle ne voit que des toits et des cheminées qui jettent une fumée noire.

Une plaque bleue lui apprend qu'elle n'est plus à Paris mais à Saint-Denis. Elle pense qu'après ce sera la campagne.

Avant de quitter cette ville, elle décide d'acheter un morceau de pain qu'elle mangera avant de dormir.

Elle entre chez un boulanger.

La boulangère prend la pièce et l'examine.

– Voulez-vous me vendre une livre[1] de pain ?

– Tu as de l'argent ? demande la boulangère.

Perrine n'a plus que cinq francs et un sou. Elle donne sa pièce de cinq francs.

Avant de couper la livre de pain, la boulangère prend la pièce et l'examine.

– Qu'est-ce que c'est que ça ? demande-t-elle en la faisant sonner sur le comptoir[2].

– Vous voyez bien, c'est cinq francs.

---

1. Livre : cinq cents grammes.
2. Comptoir : table sur laquelle un marchand montre ses marchandises.

– Qui est-ce qui t'a dit d'essayer de me donner cette pièce ?

– Personne ; je vous demande une livre de pain pour mon dîner.

– Eh bien, tu n'auras pas de pain. File[1] au plus vite, ou j'appelle les gendarmes.

– Pourquoi ? demande Perrine.

– Parce que tu es une voleuse...

– Oh ! madame.

– ... qui veux me donner une pièce fausse. File, voleuse !

Perrine sort en vitesse de la boulangerie et se met à courir dans les rues de la ville. Enfin, au bout de quelques minutes, qui pour elle sont des heures, elle se trouve dans la campagne. Alors elle s'assoit au bord du chemin et réfléchit. Elle n'a pas de pain et n'a plus qu'un sou en poche. Comment va-t-elle pouvoir continuer sa route ?

Elle se dit qu'elle trouvera peut-être quelque chose à manger, qu'elle doit continuer à avancer coûte que coûte[2]. Elle marche encore pendant un bon moment puis, très fatiguée, elle décide de dormir. Dans un champ, elle trouve une cabane[3] abandonnée et va s'y coucher. Elle s'endort aussitôt, le cœur rempli de peine et d'inquiétude.

Au lever du jour, elle reprend sa route. Mais,

---

1. Filer : partir en courant, fuir.
2. Coûte que coûte : absolument.
3. Cabane : petite habitation faite en planches.

au bout d'un moment, elle se sent faible. Elle n'a rien mangé depuis longtemps et la faim lui fait mal à l'estomac.

Elle arrive dans un village et, son sou dans la main, elle entre dans une boulangerie.

– Est-ce que vous voulez bien me couper pour un sou de pain? demande-t-elle timidement au boulanger.

Sans répondre, le boulanger lui tend un petit pain d'un sou et accepte l'argent sans rien dire; cette fois, sa pièce est bonne.

Perrine sort aussitôt et se remet à marcher. Une fois hors du village, elle coupe son pain en trois morceaux, car elle ne veut pas le manger en une seule fois. Elle n'a plus d'argent et elle doit garder de quoi se nourrir. Mais elle ne peut résister à la tentation. Elle a si faim que les trois morceaux ne tardent pas à être avalés.

Elle continue à marcher tout le jour et s'endort dans un bois.

Le lendemain, en reprenant sa route, elle se rend compte qu'elle ne pourra pas aller loin. La soif et la faim la dévorent. Elle a beau chercher de tous côtés, elle ne trouve aucune fontaine, aucune rivière pour boire de l'eau. Elle avance toujours; sa langue est sèche, de plus en plus sèche. Elle marche, marche, mais le soleil l'éblouit[1]. Elle

---

1. Éblouir : faire mal aux yeux.

Perrine essaie de se relever, mais elle ne peut pas.

est faible, très fatiguée. Elle arrive à la lisière[1] d'une forêt et, ne pouvant plus faire un pas, elle se laisse tomber sur l'herbe.

« Je vais mourir, se dit-elle. Mon père est mort, ma mère aussi, maintenant, c'est mon tour. »

Elle essaie de se relever, mais ne peut pas. Alors elle s'allonge complètement et pose sa tête sur son bras, comme elle fait chaque soir pour s'endormir.

1. Lisière : bord.

Une sensation chaude sur le visage la réveille brusquement. Elle ouvre les yeux, effrayée, et voit une grosse tête velue[1] penchée sur elle. Elle veut se relever, mais un grand coup de langue en plein visage la retient sur l'herbe. Alors elle examine la grosse tête velue et voit que c'est celle d'un âne, plus exactement celle de son âne.

– Palikare ! crie-t-elle faiblement.

Elle se relève péniblement et se met à embrasser l'âne en pleurant.

– Palikare, mon bon Palikare.

Elle entend alors une voix qui crie :

– Où es-tu, vieux coquin? Tu ne vas pas m'échapper !

Perrine voit bientôt apparaître une personne coiffée d'un chapeau, qui s'avance vers elle, la pipe à la bouche.

– Hé ! petite, qu'est-ce que tu fais à mon âne ? crie-t-elle.

Perrine reconnaît aussitôt La Rouquerie. Cette dernière, après l'avoir observée un moment, dit :

– Je t'ai déjà vue ?

– Oui, quand je vous ai vendu Palikare.

– Comment, c'est toi, fillette, que fais-tu ici ?

Perrine ne peut pas répondre ; elle se sent si faible qu'elle doit s'asseoir et son visage est si

---

1. Velu : couvert de poils.

pâle que La Rouquerie lui demande :

– Qu'est-ce que tu as, tu es malade ?

Perrine essaie de répondre mais aucun son ne sort de sa bouche. La Rouquerie, qui connaît la vie, comprend ce qui lui arrive.

– Elle est bien capable de mourir de faim, murmure-t-elle.

Puis elle disparaît et revient bientôt avec du pain, un morceau de fromage et de l'eau.

– Tiens, dit-elle, bois.

Elle l'aide à boire, puis elle lui tend le pain et le fromage.

– Et maintenant, il faut manger, mais lentement.

C'est ce que fait Perrine. Quand elle a fini, La Rouquerie lui donne un autre morceau de pain.

– Mange encore et donne un morceau à Palikare, c'est un bon garçon.

– N'est-ce pas ?

Perrine se sent mieux. Elle raconte tout ce qui lui est arrivé depuis son départ de Paris, surtout l'incident avec la boulangère.

– C'est elle, la voleuse ! Moi, je ne donne jamais de fausse pièce, car je sais les reconnaître. Quand j'irai à Saint-Denis, je vais l'obliger à me rendre mon argent. Et maintenant, qu'est-ce que tu vas faire ?

– Continuer mon chemin.

– Et demain, comment tu mangeras ?

– Je verrai.

La Rouquerie réfléchit un moment puis dit :

– Je vais jusqu'à Creil, viens avec moi. Tu m'aideras à vendre mes peaux de lapin et tu gagneras ainsi de quoi manger. À Creil, je connais quelqu'un qui va jusqu'à Amiens ramasser des œufs. Je vais lui dire de t'emmener dans sa voiture. Et à Amiens, tu prendras le train jusqu'à Maraucourt.

– Avec quoi ?

– Avec l'argent que je vais te prêter.

Tout se passe comme La Rouquerie a dit.

* * *

Dix jours plus tard, Perrine arrive aux environs de Maraucourt.

Sur la route qui la conduit au village, elle rencontre une jeune fille qui marche en portant un gros panier plein de linge. Perrine se décide à lui parler.

– C'est bien le chemin de Maraucourt, n'est-ce pas ?

– Oui, c'est tout droit. J'y vais ; si vous voulez, nous pouvons faire la route ensemble.

– Avec plaisir ; je peux aussi vous aider à porter votre panier.

– Merci, car il pèse très lourd.

Tout en marchant, elles bavardent de choses et d'autres.

– Est-ce que vous travaillez aux usines de Maraucourt ? demande Perrine.

– Bien sûr, comme tout le monde ; je travaille aux cannetières*.

– Qu'est-ce que c'est ?

– Tiens, vous ne connaissez pas les cannetières ! C'est des machines à préparer le fil des navettes*.

– On gagne bien sa vie[1] ?

– Dix sous par jour.

– C'est difficile ?

– Pas trop. Est-ce que vous voulez travailler ?

– Oui, si l'on veut de moi.

– Bien sûr ! M. Vulfran Paindavoine, le propriétaire, prend tout le monde.

Elles continuent à marcher un moment en silence.

– Est-ce que vous êtes née à Maraucourt ? demande soudain Perrine.

– Oui, et mes parents aussi. Ils sont morts et je vis avec ma grand-mère qui a un café et une épicerie : Mme Françoise.

– Ah ! Mme Françoise...

– Vous la connaissez ?

– Non... je dis « ah ! Mme Françoise ».

– C'est qu'elle est très connue dans le village, pour son café et aussi parce qu'elle a été la

---

1. Gagner sa vie : gagner de l'argent.

nourrice[1] de M. Edmond Paindavoine ; quand les gens veulent demander quelque chose à M. Vulfran Paindavoine, ils s'adressent à elle.

– Elle obtient ce qu'ils désirent ?

– Des fois oui, des fois non; il n'est pas toujours facile, M. Vulfran.

– Et pourquoi ne s'adresse-t-elle pas à M. Edmond Paindavoine, puisqu'elle a été sa nourrice ?

– M. Edmond Paindavoine ? Il a quitté le village il y a longtemps et on ne l'a jamais revu. Il s'est fâché avec son père, pour des affaires, quand il a été envoyé en Inde pour acheter du jute[2].

Elle change alors de sujet.

– Au fait, comment vous appelez-vous ?

Perrine ne veut pas dire son vrai nom et elle en prend un au hasard.

– Aurélie, et vous ?

– Rosalie.

– Vous dites que M. Edmond Paindavoine est parti fâché avec son père.

– Oui, et quand il était en Inde, il s'est fâché encore plus fort avec lui, car il s'est marié avec une fille de là-bas, alors que M. Vulfran voulait le marier avec une demoiselle d'une riche famille de la région. C'est d'ailleurs pour ce mariage que M. Vulfran a fait construire son château qui

1. Nourrice : femme qui allaite un bébé.
2. Jute : plante cultivée pour ses fibres textiles.

a coûté des millions. Mais M. Edmond n'a pas voulu abandonner sa femme de là-bas et, depuis, on ne sait plus rien de lui. Certains disent qu'il est mort, d'autres qu'il est encore vivant... Ça fait des années qu'il est parti, et on ne sait rien de plus car M. Vulfran ne parle jamais de ça et ses neveux non plus.

– Il a des neveux, M. Vulfran ?

– Oui, deux, M. Théodore Paindavoine, le fils de son frère, et M. Casimir Bretonneux, le fils de sa sœur. Si M. Edmond ne revient pas, la fortune de toutes les usines sera pour eux. Comme ça, vous voulez travailler ici ?

– Oui, j'ai perdu mon père et ma mère et je viens retrouver la famille que j'ai dans la région de Maraucourt. Mais, comme je ne la connais pas, avant de la chercher, je veux travailler.

– Nous voilà à Maraucourt, dit Rosalie. Regardez, voici le château de M. Vulfran.

Perrine arrête de marcher et, fascinée, elle regarde le magnifique château qui apparaît devant elle.

– Vous le trouvez beau, hein ? dit Rosalie.

– Très beau.

– Eh bien, M. Vulfran vit tout seul là-dedans avec douze domestiques[1] pour le servir. Il ne veut personne chez lui, pas même ses neveux.

---

1. Domestique : serviteur.

Elles arrivent bientôt chez Mme Françoise. Là, Rosalie demande à sa grand-mère si elle peut loger Perrine, car Mme Françoise a des chambres qu'elle loue aux ouvrières* des usines. Sa grand-mère accepte puis les deux jeunes filles vont s'asseoir à une table du café pour déjeuner.

Près de leur table, se trouve un monsieur assez élégant.

– C'est M. Bendit ; il est anglais et fait des traductions pour M. Vulfran. Si vous lui parlez, essayez de prononcer son nom comme les Anglais, sinon il se fâche.

– Vous pouvez compter sur moi ; d'ailleurs, je sais l'anglais.

– Vous savez l'anglais, vous ?

– Ma mère était anglaise.

– C'est pour ça ! Eh bien, M. Bendit sera très content de parler avec vous.

Après le repas, elles sortent un moment dans le jardin. C'est alors qu'on entend le bruit d'une voiture.

– Tiens, je crois que c'est la voiture de M. Vulfran, dit Rosalie.

La voiture arrive et s'arrête devant la grille du jardin.

– C'est lui, dit Rosalie en courant vers la rue.

Deux personnes sont dans la voiture : un jeune homme qui conduit et un vieux monsieur aux cheveux blancs : M. Vulfran Paindavoine.

Rosalie s'approche de la voiture.

– Voici quelqu'un, monsieur, dit le jeune homme.

– Qui est-ce ? demande M. Vulfran Paindavoine.

– C'est moi, Rosalie, répond la jeune fille.

– Dis à ta grand-mère que je veux lui parler, dit M. Vulfran.

Rosalie court chercher sa grand-mère et retourne auprès de Perrine.

– J'ai cru qu'il ne vous connaissait pas, dit Perrine.

– Bien sûr qu'il me connaît, dit Rosalie.

La voiture de M. Vulfran arrive.

– Pourtant il a demandé qui vous étiez quand vous vous êtes approchée de la voiture.

– Naturellement, puisqu'il est aveugle.

– Aveugle ! répète Perrine ; et elle redit le mot deux ou trois fois.

Puis elle ajoute :

– Il y a longtemps qu'il est aveugle ?

– Sa vue était mauvaise depuis longtemps mais elle a beaucoup baissé en peu de temps et, maintenant, il ne voit plus. Les médecins disent qu'il peut être opéré et retrouver la vue, mais depuis l'absence de son fils, sa santé est mauvaise et ils n'osent pas faire une opération. Cela ne l'empêche pas de venir tous les jours travailler aux usines. Ses neveux et M. Talouel, le directeur, pensaient ne plus le voir au travail, mais M. Vulfran est encore là et il est toujours le maître. Bon, je vais vous montrer votre chambre.

Rosalie conduit Perrine dans sa chambre puis elle la laisse en lui disant qu'elle l'attend le lendemain, lundi, pour la conduire à l'usine.

LE LENDEMAIN, de bon matin, Rosalie accompagne Perrine à l'usine. À l'entrée des ateliers*, un grand homme maigre, à l'air sévère, observe l'arrivée des ouvriers.

– C'est le directeur Talouel, dit tout bas Rosalie à Perrine.

Elle s'approche de lui et dit :

– Monsieur le directeur, c'est une camarade qui veut travailler.

Talouel examine un moment Perrine puis il dit à Rosalie :

– Qu'est-ce qu'elle sait faire, ta camarade ?

Perrine répond elle-même à cette question.

– Je n'ai jamais travaillé dans une usine, dit-elle d'une voix timide.

Talouel l'observe encore un moment puis il dit à Rosalie :

– Dis de ma part à Oneux de la faire travailler aux wagonnets.

– Qu'est-ce que c'est que les wagonnets ? demande Perrine en suivant Rosalie à l'intérieur de l'usine.

– Vous verrez, c'est très facile. Il suffit de

Perrine commence à travailler aux wagonnets.

mettre les cannettes* dans un petit wagon et, quand il est plein, il faut le pousser jusqu'au tissage* où on le vide.

Perrine commence donc à travailler aux wagonnets. Le travail n'est pas très difficile mais il est fatigant. Le premier soir, quand elle retourne chez Mme Françoise, Perrine est si épuisée qu'elle ne désire plus qu'une chose : dormir.

Au bout d'une semaine, elle s'est habituée à son travail et elle est très heureuse de toucher sa première paye[1], avec laquelle elle peut s'acheter de quoi se nourrir décemment[2].

Trois semaines plus tard, elle peut enfin s'acheter du tissu pour se faire une robe neuve et elle peut faire réparer ses chaussures.

---

1. Paye : argent qu'on reçoit en échange de son travail.
2. Décemment : correctement.

* * *

Un lundi, alors qu'elle est en train de pousser son wagon, le chef de son atelier vient la trouver et lui dit :

– Va vite au bureau* !

– Pour quoi faire ?

– Je n'en sais rien, moi. On m'a dit de t'envoyer au bureau, alors vas-y.

Perrine arrive devant le bureau où Talouel l'attend sur le pas de la porte.

– C'est bien toi qui parles anglais ? demande-t-il. Réponds-moi sans mentir.

– Ma mère était anglaise.

– Et le français ? Tu n'as pas d'accent.

– Mon père était français.

– Tu parles donc les deux langues ?

– Oui, monsieur.

– Bon, tu vas aller à l'usine de Saint-Pipoy où M. Vulfran a besoin de toi.

Perrine est tellement surprise qu'elle ne dit pas un mot.

– Es-tu stupide ? lui dit Talouel.

– C'est que je ne sais pas où est Saint-Pipoy.

– On va t'y conduire. Guillaume ! crie-t-il.

Le jeune homme qui accompagnait M. Vulfran Paindavoine le jour où ce dernier est venu chez Rosalie entre dans le bureau et emmène Perrine jusqu'à la voiture de M. Vulfran.

Ils sortent du village et, tandis qu'il conduit la voiture, Guillaume dit à Perrine :

– C'est vrai que vous savez l'anglais ?

– Oui.

– Alors, vous allez rendre un grand service à M. Vulfran.

– Comment cela ? demande Perrine.

– M. Bendit est malade et il est retourné en Angleterre. Aujourd'hui, des mécaniciens* anglais sont arrivés pour installer une machine à l'usine de Saint-Pipoy et ils n'arrivent pas à se faire comprendre. Quelqu'un a dit à M. Vulfran qu'il y avait aux cannettes une fille qui parle anglais et on m'a ordonné d'aller vous chercher.

Ils font le reste du trajet en silence. Une fois arrivés à l'usine, Guillaume conduit Perrine dans une pièce où se trouvent M. Vulfran et le directeur de Saint-Pipoy.

– Voilà la fille, dit Guillaume, son chapeau à la main.

– C'est bien, laisse-nous, répond M. Vulfran.

Puis il s'adresse tout bas au directeur. Perrine, qui a une bonne oreille[1], comprend que M. Vulfran demande comment elle est et elle entend le directeur répondre : « Une jeune fille de douze à treize ans qui n'a pas l'air bête du tout. »

M. Vulfran s'adresse alors à elle.

---

1. Avoir une bonne oreille : entendre très bien.

– Comment t'appelles-tu ?

– Aurélie.

– Qui sont tes parents ?

– Ils sont morts tous les deux. Mon père était français et ma mère anglaise.

– Alors tu sais l'anglais ?

– Je parle l'anglais et je le comprends, mais...

– Il n'y a pas de mais, tu le sais ou tu ne le sais pas?

– Je ne sais pas celui des différents métiers qui emploient des mots que je ne connais pas.

– Ce que dit cette petite n'est vraiment pas sot. Elle va peut-être nous être utile.

Il prend le bras du directeur et dit :

– Suis-nous, mon enfant.

Sans grandes difficultés, Perrine peut traduire les questions et les réponses qui s'échangent entre les mécaniciens, le directeur de l'usine et M. Vulfran. À la fin de la journée, M. Vulfran lui dit :

– Tu vas rester ici, car nous avons encore besoin de toi pendant quelques jours. On va te donner de l'argent pour t'acheter un habit neuf et tu logeras à l'auberge de Saint-Pipoy.

Perrine est folle de joie. Les choses paraissent s'arranger pour elle et la vie lui semble enfin un peu plus douce.

Pendant trois jours, elle continue son travail d'interprète[1].

---

1. Interprète : personne qui traduit une conversation entre des personnes qui parlent deux langues différentes.

Le dernier après-midi, alors qu'elle répond à un mécanicien, le directeur de Saint-Pipoy entre dans l'atelier avec M. Vulfran et l'appelle à deux reprises :

– Aurélie, Aurélie !

Mais elle ne bouge pas. Elle a oublié qu'Aurélie est le nom qu'elle s'est donné pour le moment.

Une troisième fois, il crie :

– Aurélie, est-ce que tu es sourde ?

Perrine sursaute et répond rapidement.

– Non, monsieur, excusez-moi, j'écoutais les mécaniciens.

– Vous pouvez me laisser, dit M. Vulfran au directeur.

Puis, s'adressant à Perrine, il lui dit :

– Tu sais lire l'anglais, mon enfant ?

– Oui, monsieur, comme le français.

– Mais sais-tu, quand tu lis en anglais, traduire en français ?

– Je crois que oui, monsieur.

– Bien. Nous allons essayer. Les mécaniciens n'ont plus besoin de toi, viens.

Ils vont s'asseoir dans un endroit tranquille et M. Vulfran lui tend un journal en anglais.

– Que dois-je lire ? demande-t-elle en ouvrant le journal.

– Cherche la partie commerciale.

Elle feuillette les pages et trouve enfin ce

Perrine traduit le journal pour M. Vulfran.

qu'on lui demande.

– Tu as trouvé ? demande M. Vulfran.

– Je crois.

– Maintenant, regarde s'il y a des nouvelles de Calcutta[1].

Elle cherche.

– Oui, voilà : « De notre correspondant spécial ».

1. Calcutta : ville d'Inde.

– C'est cela ; lis.

– « Les nouvelles que nous recevons de Dacca[1]... »

Sa voix tremble en prononçant ce mot, ce qui étonne M. Vulfran.

– Pourquoi trembles-tu ? demande-t-il.

– Je ne sais pas, monsieur, c'est sans doute l'émotion.

Elle fait la traduction des nouvelles de Dacca qui parlent de la récolte[2] du jute. M. Vulfran l'écoute attentivement.

– C'est bien, mon enfant, je vois que je peux compter sur toi pendant l'absence de ce pauvre Bendit. À demain.

Le lendemain, il lui demande à nouveau de traduire les journaux pour lui. Puis, après la séance de travail, il lui demande de le conduire dans différents ateliers. Tout en marchant, il se met à la questionner.

– Tu m'as dit que tu avais perdu ta mère ; il y a longtemps ?

– Cinq semaines. Elle est morte à Paris.

– Et ton père ?

– Il est mort il y a six mois.

– Que faisaient tes parents ?

– Nous avions une voiture et nous vendions.

---

1. Dacca : à l'époque, ville d'Inde. Aujourd'hui, capitale du Bangladesh.
2. Récolte : cueillette.

– Dans les environs de Paris ?

– Tantôt dans un pays, tantôt dans un autre ; nous voyagions.

– Et une fois ta mère morte, tu as quitté Paris ?

– Oui, monsieur.

– Pourquoi ?

– Parce que maman m'a fait promettre de ne pas rester à Paris après sa mort, et de partir dans le Nord, auprès de la famille de mon père.

Et elle lui raconte son voyage jusqu'à Maraucourt et sa rencontre avec Rosalie.

– En bavardant avec Rosalie, j'ai appris que dans vos usines on donne du travail à tous ceux qui en demandent et j'ai décidé de rester.

– Quand vas-tu te remettre en route ?

– Je ne vais pas me remettre en route.

– Et ta famille ?

– Je ne la connais pas et j'ai peur de ne pas être bien reçue. Je préfère attendre un peu avant de la chercher.

– La vie est donc bien difficile pour toi... et surtout bien triste.

– Oh oui, monsieur, bien triste, je le sais, et mon seul désir est de retrouver une famille qui m'aime. Mais si ces gens sont aussi durs avec moi qu'ils l'ont été avec mon père, je préfère continuer à vivre seule.

– Ils avaient peut-être de bonnes raisons de se comporter ainsi.

– Je ne le crois pas. Mon père était très bon, très généreux, et il nous aimait beaucoup, ma mère et moi.

– Tes grands-parents avaient-ils d'autres enfants que ton père ?

– Non.

– Alors, s'ils vivent encore, ils seront sûrement très heureux de te voir.

– Je ne sais pas. Je vous l'ai dit, je préfère attendre.

– Tu me sembles être très courageuse, c'est bien, mon enfant. Et maintenant, allons au bureau pour travailler encore un moment.

Ce soir-là, M. Vulfran dit à Perrine de retourner à Maraucourt et de se présenter à son bureau dès l'ouverture de l'usine.

Le lendemain, elle va tout de suite chez M. Vulfran qui lui demande si elle sait conduire sa voiture. Elle lui parle alors de Palikare et de ses longs trajets avec lui. M. Vulfran n'a plus envie de travailler avec Guillaume qui a tendance à boire[1] et qui n'est pas toujours à l'heure.

– Maintenant, c'est toi qui me conduiras dans mes usines. Puis tu me liras les journaux et tu écriras quelques lettres pour moi.

Perrine est vraiment heureuse. Elle aime son travail avec M. Vulfran et fait tout son possible

---

1. Avoir tendance à boire : boire trop souvent de l'alcool.

pour bien le faire, car elle sent que le vieillard est souvent triste et malheureux.

La place que semble occuper Perrine dans la vie et le cœur de M. Vulfran commence cependant à inquiéter Talouel et surtout ses neveux.

Un matin, Théodore, le neveu de M. Vulfran, entre dans le bureau avec une lettre.

– Une lettre de Dacca, du 29 mai, annonce-t-il à son oncle.

– En français ? demande M. Vulfran.

– Non, en anglais.

– Donne-la-moi. Merci.

Théodore tend la lettre à son oncle et reste dans le bureau.

– Tu peux partir, lui dit M. Vulfran.

Théodore sort aussitôt.

M. Vulfran tend la lettre à Perrine et lui demande de la traduire.

Il s'agit d'une longue lettre et Perrine met longtemps à la lire.

– Monsieur, cette lettre est un peu compliquée et je vais avoir du mal à vous la traduire.

– Prends ton temps, mon enfant. Elle parle de mon fils, n'est-ce pas ?

– Oui, monsieur.

– Bien, je veux que tu me l'expliques parfaitement. Installe-toi dans le bureau de M. Bendit pour la traduire. Dans sa bibliothèque, tu trouveras un dictionnaire et tu pourras ainsi chercher les mots qui te manquent. Mais, surtout, ne parle à personne de cette lettre avant de me l'avoir lue.

– Vous pouvez compter sur moi.

Perrine va s'installer dans le bureau de M. Bendit et elle se met aussitôt au travail. Elle écrit lentement sa traduction sur une feuille. Quand elle a fini, elle refait une lecture attentive pour être sûre de ne pas s'être trompée. C'est alors que M. Théodore apparaît.

– J'ai besoin d'un dictionnaire anglais-français.

Perrine ferme celui qui se trouve sur sa table et qu'elle vient d'utiliser, et le tend à M. Théodore.

– C'est la lettre de Dacca que vous traduisez ?

– Oui, monsieur, répond-elle.

– Et cela va bien, cette traduction ?

Il se penche sur elle et essaie de lire ce qu'elle a écrit.

– Oh ! je vous en prie, monsieur, ne lisez pas, j'ai encore beaucoup de choses à corriger, je cherche encore des mots...

– Cela ne fait rien.

– Si, monsieur, cela fait beaucoup.

Il essaie de prendre la feuille, mais elle met la main dessus.

– Donnez donc cette feuille ! dit M. Théodore d'un ton sévère.

– Non, monsieur, je ne le ferai pas. M. Vulfran m'a interdit de la montrer.

– Mon oncle va me la montrer tout à l'heure.

– C'est différent. Moi, j'obéis aux ordres de M. Vulfran.

Théodore, voyant qu'il ne peut rien faire, sort en claquant la porte.

Cinq minutes après, M. Talouel apparaît dans le bureau.

– Eh bien, comment marche cette traduction de la lettre de Dacca ? demande-t-il.

– Je dois encore travailler, répond Perrine.

– Tu l'as lue, n'est-ce pas ? De quoi s'agit-il ?

– Je ne peux pas vous le dire. M. Vulfran m'a dit de n'en parler à personne.

– Tu sais bien que M. Vulfran va me la lire.

Elle ne répond pas.

– Alors, que dit cette lettre ? demande Talouel en haussant le ton.

– Je ne peux pas vous répondre, dit Perrine.

– Fais très attention, petite, si tu veux garder ta place près de M. Vulfran ! crie Talouel avant de sortir.

Elle finit de corriger sa lettre et se rend chez M. Vulfran.

Dans cette lettre, M. Vulfran apprend le nom de la femme de son fils et aussi que M. Edmond a eu une fille. La personne qui lui donne tous ces renseignements a malheureusement perdu sa trace[1].

---

1. Perdre la trace de quelqu'un : ne rien savoir de cette personne.

Elle ne sait qu'une chose : M. Edmond est parti faire un voyage d'exploration avec sa femme et sa fille lorsque cette dernière avait quatre ans. Depuis, personne n'a eu de nouvelles des trois voyageurs.

M. Vulfran semble encore plus triste que d'habitude après la lecture de cette lettre.

– Tu as mis longtemps à la traduire, dit-il à Perrine.

– Cette lettre était longue et difficile.

– J'ai entendu la porte de ton bureau s'ouvrir et se fermer deux fois. Tu as été dérangée ?

– M. Théodore et M. Talouel sont venus me voir.

– Que voulaient-ils ?

Perrine hésite à répondre.

– Tu dois me répondre, dit M. Vulfran.

– Ils voulaient savoir ce que contenait la lettre, mais j'ai refusé de leur répondre.

– C'est bien, mon enfant. Viens, emmène-moi visiter mes usines.

Perrine conduit M. Vulfran d'une usine à l'autre pendant toute la journée. Le vieillard ne parle presque pas. À la fin de la journée, il lui dit :

– Aujourd'hui, tu m'as prouvé encore une fois que je peux avoir confiance en toi. Je fais des recherches sur mon fils car je veux savoir ce qu'il

Perrine conduit M. Vulfran d'une usine à l'autre pendant toute la journée.

devient. Tu vas m'aider dans cette tâche[1]. Mais comme je ne veux plus qu'on te dérange, tu vas vivre au château avec moi. Et je vais te faire donner des cours par un professeur ; tu es très intelligente mais tu as encore beaucoup de choses à apprendre.

C'est ainsi que Perrine entre dans le magnifique château de M. Vulfran.

Quand, le lendemain, les neveux de M. Vulfran et Talouel apprennent la nouvelle, ils ne peuvent cacher leur colère et commencent à se poser beaucoup de questions sur cette fillette qui, venue on ne sait d'où, prend la place que tous veulent occuper depuis bien longtemps.

1. Tâche : travail.

LA VIE AU CHÂTEAU paraît merveilleuse à Perrine. Elle continue à conduire M. Vulfran dans ses usines et elle partage ses repas avec lui. Elle est logée dans une belle chambre et elle aime beaucoup les cours de Mlle Belhomme, le professeur que M. Vulfran a choisi pour elle. D'autre part, comme Perrine est une fillette très intelligente, elle apprend vite, ce qui comble de joie M. Vulfran.

Perrine continue de lire et de traduire la correspondance[1] de M. Vulfran. Les réponses qu'il reçoit de l'étranger à propos des recherches qu'il fait effectuer sur son fils ne donnent aucun résultat. M. Vulfran parle souvent de lui à Perrine. Il garde l'espoir de le voir revenir un jour. Il lui montre des portraits de lui. Dès qu'il en parle, il sent la fillette très émue, prête à pleurer, et cela lui prouve encore plus qu'il a auprès de lui une fillette très sensible et bonne.

Un jour que M. Vulfran est dans son bureau de l'usine avec Perrine, on frappe à la porte.

---

1. Correspondance : lettres, courrier.

– Entrez, crie-t-il.

– Bonjour, monsieur, dit le banquier de M. Vulfran en entrant.

– Comment, c'est vous ? Que faites-vous à Maraucourt ?

– J'avais affaire dans le coin, mais je suis surtout venu vous apporter des nouvelles de Sarajevo[1].

En entendant ce nom, Perrine devient très pâle.

– Je vous écoute, dit M. Vulfran.

– En novembre, M. Edmond est arrivé à Sarajevo comme... photographe.

– Allons donc ! Vous voulez dire avec des appareils de photographie ?

– Avec une voiture de photographe ambulant[2], dans laquelle il voyageait avec sa femme et sa fille. Pendant quelques jours il a fait des portraits sur une place de la ville. Puis il est parti pour Travnik et est tombé... malade dans un village situé entre ces deux villes...

– Mon Dieu, s'écrie M. Vulfran, mon Dieu, mon Dieu !

Il joint[3] les mains et baisse la tête.

---

1. Sarajevo : capitale de la Bosnie-Herzégovine, dans l'ex-Yougoslavie.
2. Ambulant : qui se déplace pour réaliser son travail.
3. Joindre les mains : les placer l'une contre l'autre en signe de prière.

Perrine aime beaucoup les cours de Mlle Belhomme.

– Vous êtes un homme de grande force..., dit le banquier.

– Il n'y a pas de force contre la mort. Mon fils...

– Eh bien oui, vous devez connaître l'affreuse vérité : le 7 novembre... M. Edmond... est mort à Bousovatcha d'une maladie pulmonaire[1].

– C'est impossible !

– Hélas ! monsieur, moi aussi j'ai dit : c'est impossible, mais les papiers sont là, authentiques[2], envoyés par notre consul à Sarajevo : « Mort certaine », écrit-il.

M. Vulfran ne semble pas écouter. Sa tête est penchée en avant et repose sur sa poitrine. Perrine, affolée, se demande s'il est mort.

Tout à coup, il se redresse et appelle en criant ses neveux et Talouel.

Ceux-ci arrivent aussitôt.

– Je viens d'apprendre la mort de mon fils. Elle est certaine. Talouel, arrêtez partout et immédiatement le travail, dites qu'il reprendra après-demain. Demain, une messe[3] sera célébrée dans l'église de Maraucourt.

– Mon oncle ! s'écrient d'une même voix les deux neveux.

Mais il les arrête.

– J'ai besoin d'être seul ; laissez-moi.

---

1. Pulmonaire : des poumons.
2. Authentique : vrai, officiel.
3. Messe : cérémonie du culte catholique.

Tout le monde sort. Perrine seule reste.

– Aurélie, tu es là ? demande M. Vulfran.

Elle répond d'une voix cassée par l'émotion.

– Rentrons au château.

Une fois chez lui, M. Vulfran refuse de voir les gens. Perrine doit également le laisser seul et doit veiller à ce que personne n'entre dans son bureau.

Le lendemain, Perrine assiste à la messe donnée dans l'église du village. Elle est surprise de voir qu'il y a peu de monde.

En sortant de l'église, elle rencontre Mlle Belhomme et lui dit son étonnement.

– Vous savez, Aurélie, tout cela est normal. M. Vulfran est un homme juste avec ses ouvriers mais il est froid. S'il arrive quelque chose à l'un d'eux, il ne montre aucun signe de peine. Ce sont surtout les affaires qui l'intéressent mais il oublie de voir les gens. Alors les autres font de même avec lui... Pourquoi ne venez-vous pas déjeuner avec moi pour bavarder un peu plus longuement de tout ça ?

– Je vous remercie, mais M. Vulfran peut avoir besoin de moi.

Mais en arrivant au château, elle voit que M. Vulfran n'a pas besoin d'elle. Pendant tout le reste du jour, il s'enferme dans son bureau et n'en sort que pour manger un peu.

Le lendemain, il fait demander Perrine.

– Aurélie, dit-il d'une voix faible, reprenons

le travail. Conduis-moi à l'usine.

Mais dans son bureau il ne fait rien, ne parle pas ; il semble anéanti[1]. Et cela jour après jour.

* * *

Un après-midi, alors qu'ils reviennent de visiter les usines et s'approchent de Maraucourt, on entend une sonnerie de clairon[2].

– Il y a un feu, dit M. Vulfran, vois-tu quelque chose ?

– De la fumée noire.

– De quel côté, à droite ou à gauche ?

– À gauche.

– C'est vers l'usine. Va vite !

Ils arrivent rapidement à l'entrée du village. Là, un ouvrier dit à M. Vulfran :

– Ne vous inquiétez pas, monsieur, il n'y a pas le feu dans l'usine. C'est la maison de la Tiburce qui brûle.

La Tiburce est une vieille femme qui garde des enfants trop petits pour être admis à l'asile[3] et qui habite une misérable maison.

– Allons-y, dit M. Vulfran.

Quand ils arrivent, le chef des pompiers

---

1. Anéanti : brisé, abattu.
2. Clairon : sorte de trompette.
3. Asile : établissement où on accueille les enfants ou les vieillards sans famille.

s'approche de M. Vulfran.

– Nous avons éteint le feu, monsieur, mais la maison a complètement brûlé et, ce qui est plus grave, cinq enfants sont morts asphyxiés[1].

– Comment le feu a-t-il pris ?

– La Tiburce est sortie un moment et les enfants les plus grands ont joué avec des allumettes. Quand tout a commencé à brûler, ils sont partis en courant mais les plus jeunes sont restés.

Voyant qu'il ne peut rien faire en restant là, M. Vulfran dit à Perrine de le ramener au château. Pendant le dîner, pour la première fois depuis longtemps, il parle avec Perrine. L'accident qui vient d'avoir lieu semble le troubler. Perrine lui demande s'il va aller à l'enterrement des enfants.

– Pourquoi y aller? Les gens ne sont pas venus à celui de mon fils.

– Vous n'allez jamais à celui des autres, monsieur ; ils vous répondent de la même manière.

– Mais moi, je leur donne du travail ; grâce à moi, ils peuvent avoir une maison, se nourrir.

– Cela ne suffit pas, monsieur.

– Laissons cette conversation pour aujourd'hui, Aurélie, veux-tu, et allons nous coucher.

Le lendemain, quand ils arrivent à l'usine, Perrine, surprise, entend M. Vulfran dire à Talouel qu'il va payer l'enterrement des enfants.

---

1. Mort asphyxié : mort par manque d'oxygène.

À partir de ce jour, tout change dans la vie de M. Vulfran. Il parle de plus en plus avec Perrine et voit ce qu'il peut faire dans le village pour améliorer la vie des gens. Il fait agrandir l'école, fait construire un hôpital, une crèche[1]. De plus, il semble heureux, plein de vie. Perrine ne peut croire ce qu'elle voit.

* * *

Ce dimanche-là, il y a treize mois exactement que Perrine est arrivée à Maraucourt. Que de changements dans sa vie !

Alors qu'elle est dans le salon du château avec M. Vulfran, le banquier fait son apparition.

– Excusez-moi, monsieur Vulfran, je voulais venir hier pour vous donner les renseignements que vous m'avez demandés, mais je n'ai pas pu.

– Vous êtes là, c'est ce qui compte. Allons, parlez vite !

– Devant mademoiselle ?

– Oui, si les réponses à mes questions sont celles que je crois.

– La femme de M. Edmond Paindavoine est bien morte à Paris, dans sa voiture qui se trouvait dans le Champ Guillot, dont le propriétaire est un

---

1. Crèche : établissement qui accueille pendant la journée les enfants qui n'ont pas encore l'âge d'aller à l'école.

nommé Grain de Sel. Sa fille est ensuite partie vers le nord. J'ai pu parler avec une femme appelée La Rouquerie, qui m'a donné tous les renseignements nécessaires sur le voyage de la fillette.

Le banquier arrête alors de parler, se tourne vers Perrine et ajoute :

– J'ai vu Palikare, mademoiselle, il va bien.

Depuis un moment, Perrine s'est levée, les yeux pleins de larmes. Là, elle ne peut pas en entendre plus et éclate en sanglots[1].

– Tout est vérifié, monsieur. La jeune fille est bien celle que vous croyez.

– Et toi, dit M. Vulfran en se tournant vers Perrine, pourquoi ne m'as-tu jamais dit qui tu étais ?

– J'avais peur d'être rejetée...

– Viens dans mes bras, mon enfant, ma fille, ma chère petite-fille.

– Grand-papa, s'écrie Perrine en se jetant à son cou.

Le banquier sort discrètement, laissant le grand-père et la fillette dans les bras l'un de l'autre.

Alors Perrine raconte toutes ses aventures à son grand-père. Elle lui parle de son père, de sa mère, et M. Vulfran veut en savoir toujours plus. Pour la première fois depuis longtemps, son visage respire le bonheur.

---

1. Éclater en sanglots : pleurer.

Pendant que Perrine parle, on entend soudain du bruit dans les jardins du château.

– Qu'est-ce qui se passe ? demande M. Vulfran.

Perrine va à la fenêtre. Les jardins sont remplis d'ouvriers habillés en dimanche.

– Qu'est-ce qui se passe ? répète M. Vulfran.

– Grand-père, dit Perrine, c'est aujourd'hui ton anniversaire et les ouvriers des usines ont décidé de le célébrer en te remerciant de ce que tu as fait pour eux.

– Ah ! vraiment, ah ! vraiment !

Ils sortent vite dehors.

Tous les ouvriers applaudissent en les voyant apparaître. M. Vulfran lève alors la main ; un silence se fait et il présente officiellement sa petite-fille.

– Je m'en suis toujours douté, dit Talouel aux neveux.

Le lendemain, M. Vulfran fait venir son médecin.

– Vous devez comprendre, lui dit-il, que maintenant je veux voir ma petite-fille et que vous devez me mettre rapidement en état de supporter l'opération.

* * *

– Grand-papa, s'écrie Perrine en se jetant à son cou.

Un mois plus tard, l'opération se réalise et c'est un vrai succès.

Enfin, un matin, M. Vulfran peut se servir de ses yeux. Il fait aussitôt appeler Perrine.

– Ah ! dit-il après l'avoir contemplée, ces imbéciles n'ont donc pas d'yeux. Comment n'ont-ils pas vu que tu ressembles à ton père ?

Quinze jours plus tard, M. Vulfran a enfin la permission de sortir du château et de reprendre son travail.

– Prépare-toi, Perrine, nous allons visiter les usines.

Peu après, ils sortent tous les deux dans le jardin et... — est-ce possible ! — à la voiture de M. Vulfran, un âne est attelé[1], et cet âne ressemble à Palikare, mais Palikare avec un poil bien peigné, brillant...

– Palikare ! s'écrie Perrine.

Et elle lui saute à la tête en l'embrassant.

– Ce n'est pas à moi que tu dois cela. C'est le personnel des bureaux qui l'a acheté à La Rouquerie pour faire un cadeau à leur ancienne camarade.

– Comme ils sont bons ! dit Perrine.

Elle se rappelle alors les dernières paroles de sa mère : « Je te vois heureuse. » Oui, elle est enfin heureuse et elle n'a plus qu'un désir : faire le bonheur des autres.

---

1. Attelé : attaché. (On attelle une ou plusieurs bêtes à une voiture.)

Le monde des usines

Atelier : lieu de l'usine où des ouvriers travaillent en commun.

Bureau : lieu de l'usine où sont installés le directeur et les personnes ayant une grande responsabilité ; également lieu où on fait tout le travail administratif de l'usine (réalisé par les secrétaires).

Cannetière : machine employée à garnir les cannettes.

Cannette : bobine qui reçoit le fil destiné à fabriquer un tissu.

Mécanicien : personne dont le métier est d'installer ou de réparer les machines.

Navette : instrument formé d'une pièce de bois ou de métal, pointue aux extrémités, et qui renferme la bobine de fil.

Ouvrier / ouvrière : personne qui travaille à l'usine, dans les ateliers.

Tissage : opération qui consiste à fabriquer du tissu ; ici, lieu où on fabrique le tissu.

Usine : établissement industriel, où on fabrique des objets ou des produits avec des machines.

Chapitre I

1. Pourquoi la fillette gronde-t-elle son âne ?

2. D'où vient l'âne ?

3. Où Perrine va-t-elle laisser sa voiture ?

4. Où Perrine et sa mère veulent-elles aller après avoir quitté Paris ?

5. À qui Perrine vend-elle sa voiture ?

6. Pourquoi Palikare refuse-t-il d'entrer dans le marché ?

7. Avant de mourir, qu'est-ce que la mère de Perrine fait promettre à sa fille ?

Chapitre II

1. Combien de kilomètres par jour Perrine pense-t-elle faire ?

2. Pourquoi la boulangère refuse-t-elle de vendre le pain à Perrine ?

3. Pourquoi Perrine pense-t-elle qu'elle va mourir ?

4. Qui est-ce qui réveille Perrine ?

5. Pourquoi La Rouquerie se fâche-t-elle contre la boulangère de Saint-Denis ?

6. Comment Perrine va-t-elle faire pour pouvoir arriver à Maraucourt ?

7. Où Perrine veut-elle travailler ?

8. Pourquoi Mme Françoise est-elle très connue dans le village ?

9. Pourquoi M. Edmond Paindavoine s'est-il fâché définitivement avec son père ?

10. Pourquoi M. Vulfran ne reconnaît-il pas Rosalie ?

Chapitre III

1. En quoi consiste le premier travail de Perrine à l'usine de M. Vulfran ?

2. Pourquoi Perrine doit-elle aller à l'usine de Saint-Pipoy ?

3. Quelle impression Perrine fait-elle au directeur de l'usine de Saint-Pipoy ?

4. Pourquoi « Aurélie » ne répond-elle pas quand le directeur de Saint-Pipoy l'appelle ?

5. Après son travail d'interprète, quel autre travail Perrine fait-elle auprès de M. Vulfran ?

6. Pourquoi Perrine refuse-t-elle de montrer la lettre de Dacca à M. Théodore et à M. Talouel ?

7. Qu'est-ce que la lettre de Dacca apprend à M. Vulfran sur son fils ?

8. Pourquoi M. Vulfran décide-t-il d'emmener Perrine vivre au château ?

Chapitre IV

1. Quel travail M. Edmond Paindavoine faisait-il à Sarajevo ?

2. Qu'est-ce que le banquier annonce à M. Vulfran ?

3. Quelle est la réaction de M. Vulfran ?

4. D'après Mlle Belhomme, pourquoi y a-t-il si peu de gens à la messe dite en mémoire de M. Edmond ?

5. Quel événement grave se passe à Maraucourt ?

6. Quelle décision M. Vulfran prend-il le lendemain de l'incendie ?

7. Quelles améliorations M. Vulfran apporte-t-il au village ?

8. Quelles surprises attendent M. Vulfran le jour de son anniversaire ?

9. Quel cadeau le personnel des bureaux de l'usine fait-il à Perrine ?

FIN

Édition : Martine Ollivier

Couverture : Michèle Rougé
Illustration de couverture : Walter Deudy Sadler, *Home sweet home*, 52 X 68 inches (coll. particulière) (détail) / Edimédia
Coordination artistique : Catherine Tasseau

Illustrations de l'intérieur :
portrait de H. Malot (p. 3) © Harlingue-Viollet
Illustrations de Henri Lanos (1895). Photos : Pierre Pitrou

Recherche iconographique : Gaëlle Mary

Réalisation PAO : Marie Linard

N° de projet : 10146142
Octobre 2007
Imprimé en France par France Quercy - 46090 Mercuès
N° d'impression : 72273bFF